MY FIRST BIG UKRAINIAN PICTURE DICTIONARY

CHATTY PARROT

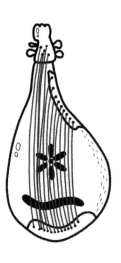

ЛІСОВІ ТВАРИНИ
WOODLAND ANIMALS

[b'ílka]
БІЛКА
squirrel

[ólen']
ОЛЕНЬ
deer

[ptah]
ПТАХ
bird

[krit]
КРІТ
mole

[vedm'íd']
ВЕДМІДЬ
bear

[zájets']
ЗАЄЦЬ
hare

[jizhák]
ЇЖАК
hedgehog

[zm'ijá]
ЗМІЯ
snake

[bobér]
БОБЕР
beaver

[zhába]
ЖАБА
frog

[vovk]
ВОВК
wolf

ТВАРИНИ В ДЖУНГЛЯХ
JUNGLE ANIMALS

[jahuár]
ЯГУАР
jaguar

[flam´inho]
ФЛАМІНГО
flamingo

[mávpa]
МАВПА
monkey

[zébra]
ЗЕБРА
zebra

[zhyráfa]
ЖИРАФА

[krokodýl]
КРОКОДИЛ

crocodile

[lemúr]
ЛЕМУР

giraffe

[tyhr]
ТИГР

lemur

[nosor'íh]
НОСОРІГ

tiger

rhino

ДОМАШНІ ТВАРИНИ
PETS

[kíshka]
КІШКА
cat

[sobáka]
СОБАКА
dog

ПАПУГА [papúha]
parrot

[schur]
ЩУР
rat

[cherepáha]
ЧЕРЕПАХА
turtle

[homják]
ХОМ'ЯК
hamster

СІЛЬСЬКІ ТВАРИНИ
FARM ANIMALS

[kúrka]
КУРКА

hen

[kin']
КІНЬ

horse

[królyk]
КРОЛИК

rabbit

[kurchá]
КУРЧА

chicken

[koróva]
КОРОВА

cow

МОРСЬКІ ТВАРИНИ
SEA ANIMALS

[del'fín]
ДЕЛЬФІН

dolphin

[medúza]
МЕДУЗА

[rýba]
РИБА

fish

[vos'myníh]
ВОСЬМИНІГ

octopus

[akúla]
АКУЛА

jellyfish

shark

[kyt]
КИТ

whale

ТВАРИНИ В АРКТИЦІ
ARCTIC ANIMALS

[p'inhv'in]
ПІНГВІН
penguin

[morzh]
МОРЖ
walrus

[ipátka]
ШПАТКА
puffin

[los']
ЛОСЬ
moose

[t'ulén']
ТЮЛЕНЬ
seal

[narvál]
НАРВАЛ
narwhal

[didús']
ДІДУСЬ
grandfather

[t'itka]
ТІТКА
aunt

[d'ád'ko]
ДЯДЬКО
uncle

[plem'innyts'a]
ПЛЕМІННИЦЯ
niece

[plem'innyk]
ПЛЕМІННИК
nephew

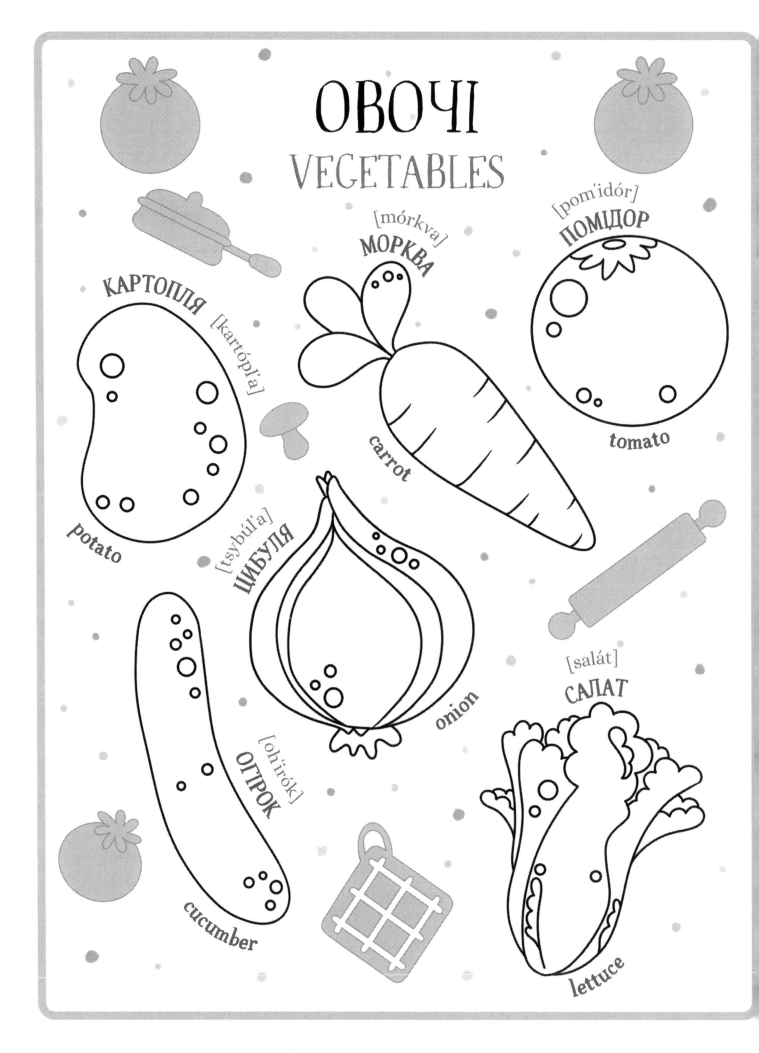

ОВОЧІ
VEGETABLES

[mórkva]
МОРКВА
carrot

[pom'idór]
ПОМІДОР
tomato

КАРТОПЛЯ [kartópl'a]
potato

[tsybúl'a]
ЦИБУЛЯ
onion

[oh'irók]
ОГІРОК
cucumber

[salát]
САЛАТ
lettuce

[brókol'i]
БРОКОЛІ
broccoli

[baklazhán]
БАКЛАЖАН
eggplant

БУРЯК
[bur'ák]
beet

[harbúz]
ГАРБУЗ
pumpkin

[kukurúdza]
КУКУРУДЗА

[bolhárs'kyj
pérets']
БОЛГАРСЬКИЙ
ПЕРЕЦЬ
bell pepper

corn

ФРУКТИ ТА ЯГОДИ
FRUIT AND BERRIES

[jábluko]
ЯБЛУКО

apple

[kavún]
КАВУН

watermelon

[avokádo]
АВОКАДО

[ananás]
АНАНАС

[kokós]
КОКОС

pineapple

avocado

coconut

[lymón]
ЛИМОН
lemon

[polunýts'a]
ПОЛУНИЦЯ
strawberry

[vynohrád]
ВИНОГРАД
grape

[pérsyk]
ПЕРСИК
peach

[cheréshn'a]
ЧЕРЕШНЯ
cherry

АПЕЛЬСИН
[apel'sýn]
orange

[chornýtsa]
ЧОРНИЦЯ
blueberry

[hrúsha]
ГРУША
pear

[slýva]
СЛИВА
plum

[banán]
БАНАН
banana

[hranát]
ГРАНАТ
pomegranate

CHIДАНОК
BREAKFAST

[jajtsé]
ЯЙЦЕ

egg

[oládka]
ОЛАДКА

pancake

БЕКОН [bekón]

bacon

ОМЛЕТ [omlét]

omelette

[tost]
ТОСТ

toast

СТРАВИ
MEALS

САЛАТ [salát]
salad

СУП [sup]
soup

М'ЯСО [mjáso]
meat

КУРКА [kúrka]
chicken

МАКАРОНИ [makaróny]
pasta

РИС [rys]
rice

НАПОЇ
BEVERAGES

[chaj]
ЧАЙ

tea

[káva]
КАВА

coffee

[molóchnyj koktéjl']
МОЛОЧНИЙ КОКТЕЙЛЬ

[kakáo]
КАКАО

[hazóvana vodá]
ГАЗОВАНА ВОДА

soda

milkshake

cocoa

[sïk]
СІК

juice

[lymonád]
ЛИМОНАД

lemonade

[vodá]
ВОДА

water

[koktéjl']
КОКТЕЙЛЬ

cocktail

[molokó]
МОЛОКО

milk

PIЗHE
MISCELLANEOUS

СИР [syr]

cheese

ГРИБ [hryb]

mushroom

[kétchup]
КЕТЧУП

[kvasóĺa]
КВАСОЛЯ

[h'irchýts'a]
ГІРЧИЦЯ

ketchup

beans

mustard

СОУС [sóus]

sauce

ЕМОЦІЇ
EMOTIONS

[schaslývyj]
ЩАСЛИВИЙ
happy

[sumnýj]
СУМНИЙ
sad

[zdyvóvanyj]
ЗДИВОВАНИЙ
surprised

[nud'hújuchyj]
НУДЬГУЮЧИЙ
bored

[u záhvati]
У ЗАХВАТІ
excited

ПРОФЕСІЇ
PROFESSIONS

ЛІКАР [líkar]

doctor

МЕДСЕСТРА [medsestrá]

nurse

ПОЛІЦЕЙСЬКИЙ [pol'itséjs'kyj]

police officer

ВЧИТЕЛЬ [vchýtel']

teacher

ПОЖЕЖНИК [pozhézhnyk]

firefighter

ПРОДАВЕЦЬ [prodavéts']

sales assistant

БУДІВЕЛЬНИК [bud'ivél'nyk]
builder

СТОМАТОЛОГ [stomatóloh]
dentist

ЛИСТОНОША [lystonósha]
mailman

ВЕТЕРИНАР [veterynár]
vet

ФЕРМЕР [férmer]
farmer

РЯТУВАЛЬНИК [r'yatuvál'nyk]
lifeguard

ОБЛИЧЧЯ
FACE

[choló]
ЧОЛО
forehead

[bróvy]
БРОВИ
eyebrow

[óko]
ОКО
eye

[vúho]
ВУХО
ear

[rot]
РОТ
mouth

[schoká]
ЩОКА
cheek

[p'idbor'ídd'ya]
ПІДБОРІДДЯ
chin

[n'is]
НІС
nose

В МІСТІ
IN TOWN

[shkóla]
ШКОЛА

school

[kavjárnʼya]
КАВ'ЯРНЯ

coffee bar

[mahazýn]
МАГАЗИН

store

ЛІКАРНЯ [lʼikárnʼya]

hospital

[bʼiblʼiotéka]
БІБЛІОТЕКА

[polʼítsʼija]
ПОЛІЦІЯ

library police station

[bank]
БАНК
bank

[póshta]
ПОШТА
post office

[avtomýjka]
АВТОМИЙКА
car wash

[pekárn'ya]
ПЕКАРНЯ
bakery

[trenazhérnyj zal]
ТРЕНАЖЕРНИЙ ЗАЛ
gym

ДІМ
[d'im]
house

[basketból]
БАСКЕТБОЛ
basketball

[katánn'ya na lýzhah]
КАТАННЯ НА ЛИЖАХ
skiing

[sérf'inh]
СЕРФІНГ
surfing

[volejból]
ВОЛЕЙБОЛ
volleyball

[velospórt]
ВЕЛОСПОРТ
cycling

ТРАНСПОРТ
TRANSPORT

[avtomob'íl']
АВТОМОБІЛЬ

car

[korabél']
КОРАБЕЛЬ

ship

[l'iták]
ЛІТАК

plane

[velosypéd]
ВЕЛОСИПЕД

bike

[pójizd]
ПОЇЗД

train

[avtóbus]
АВТОБУС
bus

[furhón]
ФУРГОН
van

[vantazh´ívka]
ВАНТАЖІВКА
truck

[vertol´ít]
ВЕРТОЛІТ
helicopter

[metró]
МЕТРО
subway

[pov'ítr'anna kúľa]
ПОВІТРЯНА КУЛЯ
hot air balloon

[shvydká]
ШВИДКА
ambulance

[mototsýkl]
МОТОЦИКЛ
motorcycle

[p'idvódnyj chóven]
ПІДВОДНИЙ ЧОВЕН
submarine

[karéta]
КАРЕТА
carriage

ПРОСТІР
SPACE

[kosmonávt]
КОСМОНАВТ

astronaut

ПЛАНЕТА [planéta]

planet

[rakéta]
РАКЕТА

[zírka]
ЗІРКА

[mísats']
МІСЯЦЬ

rocket

star

Moon

ШКОЛА
SCHOOL

[úchen']
УЧЕНЬ

pupil

[portfél']
ПОРТФЕЛЬ

school bag

[penál]
ПЕНАЛ

pencil case

[kal'kul'átor]
КАЛЬКУЛЯТОР

calculator

[hlóbus]
ГЛОБУС

globe

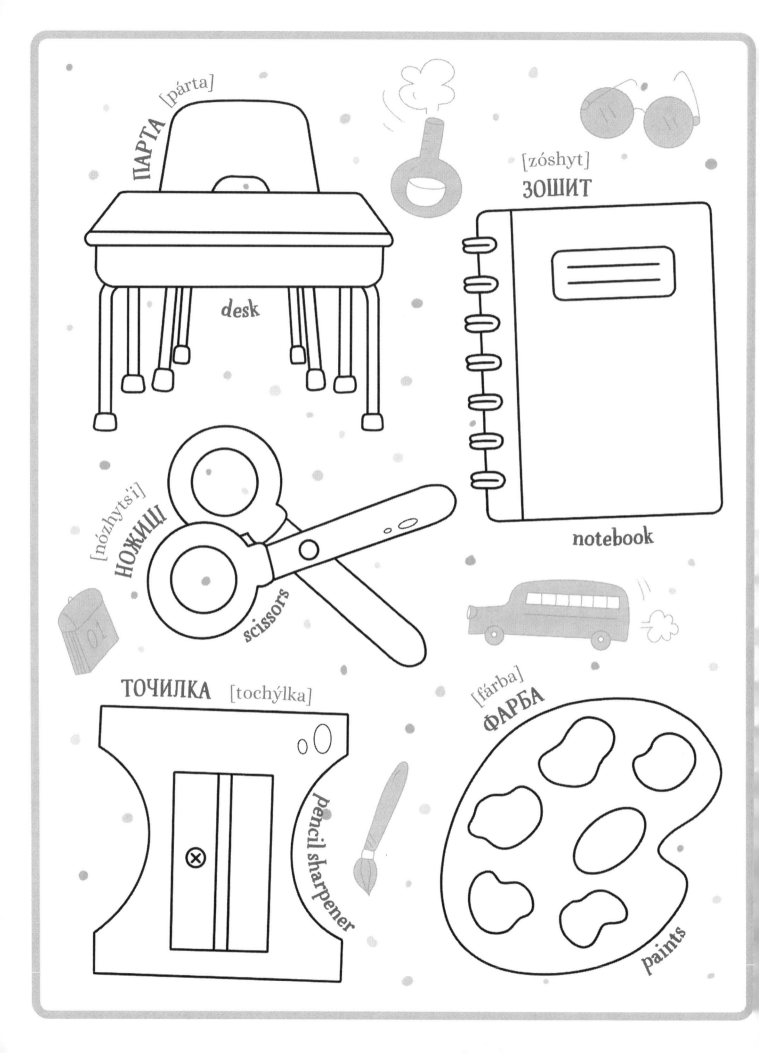

ПРИРОДА
NATURE

[dérevo]
ДЕРЕВО

tree

[horá]
ГОРА

mountain

[rích'ka]
РІЧКА

river

[kvítka]
КВІТКА

flower

[móre]
МОРЕ

sea

[lyst]
ЛИСТ

leaf

[l'is]
ЛІС

wood

[kusch]
КУЩ

bush

[ózero]
ОЗЕРО

lake

[nébo]
НЕБО

sky

[vulkán]
ВУЛКАН

volcano

[óstr'iv]
ОСТРІВ

ПЕНЬОК [pen'ók]

stump

island

[vodospád]
ВОДОСПАД

waterfall

ХОБІ
HOBBIES

[báĺni tánstʹi]
БАЛЬНІ ТАНЦІ
ballroom dancing

[maĺuvánnʹa]
МАЛЮВАННЯ
drawing

[hʹimnástyka]
ГІМНАСТИКА
gymnastics

[kémpʹinh]
КЕМПІНГ
camping

[spʹiv]
СПІВ
singing

[podorozhuvánn'a]
ПОДОРОЖУВАННЯ
traveling

[fotohrafuvánn'a]
ФОТОГРАФУВАННЯ
photography

ШАХИ [sháhy]
chess

[karaté]
КАРАТЕ
martial arts

[balét]
БАЛЕТ
ballet

ОДЯГ
CLOTHES

[soróch'ka]
СОРОЧКА
shirt

[stikn'a]
СУКНЯ
dress

[kapel'úh]
КАПЕЛЮХ
hat

[dzhýnsy]
ДЖИНСИ
jeans

[futbólka]
ФУТБОЛКА
t-shirt

ШОРТИ [shórty]

shorts

[kravátka]
КРАВАТКА

necktie

[shkarpétka]
ШКАРПЕТКА

sock

[shtaný]
ШТАНИ

[sp'idnýts'a]
СПІДНИЦЯ

skirt

pants

[pal'tó]
ПАЛЬТО
coat

[fártuh]
ФАРТУХ
apron

[sharf]
ШАРФ
scarf

[képka]
КЕПКА
baseball cap

[kost'úm]
КОСТЮМ
suit

[svetr]
СВЕТР
sweater

ВЗУТТЯ
FOOTWEAR

[chób'it]
ЧОБІТ
boot

[kros'ívky]
КРОСІВКИ
sneakers

[vietnámky]
В'ЄТНАМКИ
flip flops

[túfl'i]
ТУФЛІ
shoes

[boson'ízhky]
БОСОНІЖКИ
sandals

ПОРИ РОКУ
SEASONS

[vesná]
ВЕСНА

spring

[l'íto]
ЛІТО

summer

[zymá]
ЗИМА

[ós'in']
ОСІНЬ

fall

winter

ПОДОРОЖІ
TRAVELING

[kvytók]
КВИТОК

ticket

[baházh]
БАГАЖ

luggage

[fotoaparát]
ФОТОАПАРАТ

camera

[mápa]
МАПА

map

[pásport]
ПАСПОРТ

passport

PASSPORT

[b'inókl']
БІНОКЛЬ

binoculars

ЧИСЛА
NUMBERS

123 456

0

[odýn]
ОДИН
one

[dva]
ДВА
two

7

6

3

[try]
ТРИ
three

5

[chotýry]
ЧОТИРИ
four

[pjat']
П'ЯТЬ
five

[sh'ist']
ШІСТЬ
six

[s'im]
CIM
seven

[v'is'im]
BICIM
eight

[dévjat']
ДЕВ'ЯТЬ
nine

[dés'at']
ДЕСЯТЬ
ten